# PREMIÈRE LETTRE

## SUR

# LE PATRIOTISME.

---

## A MM. LES DÉPUTÉS.

DE L'IMPRIMERIE D'ABEL LANOE.

# PREMIERE LETTRE

## SUR

# LE PATRIOTISME,

## A MM. LES DÉPUTÉS.

Par MONNIN, auteur des LETTRES D'UN PROLÉTAIRE A MM. LES ÉLECTEURS DE 1817.

A PARIS,

CHEZ
{ PLANCHER, Éditeur des Œuvres de Voltaire, en 35 vol. in-12, et du Manuel des Braves, rue Poupée, n.° 7.
{ DELAUNAY, libraire, au Palais Royal.

1817.

# PREMIÈRE LETTRE

SUR

# LE PATRIOTISME,

A MM. LES DÉPUTÉS.

MESSIEURS,

JE n'ai point la prétention de vous porter de nouvelles lumières sur la politique : j'en attends de vous avec la France entière ; mais je porte à vous, à la Chambre des Pairs, au Roi lui-même, des vœux pour la prospérité de mon pays, de cette nation noble et généreuse, dont ni l'injustice, ni la calomnie ne pourront ternir la gloire. Vous êtes appelés

---

* Dans cette première Lettre, j'ai cherché à expliquer la nature du Patriotisme dans une monarchie constitutionnelle. Dans une seconde je chercherai quels sont les moyens propres à le faire naître, et à l'entretenir.

à fixer, pour des siècles, ses destinées; jetez les yeux en avant et en arrière de vous; que le passé, joint au présent, vous fasse juger de ce que vous devez à l'avenir; que notre gloire dans les armes soit pour vous la mesure de celle que nous avons droit d'attendre dans les lois. Surtout que la grandeur de votre tâche ne vous effraye point; qu'elle serve, au contraire, à réunir, à élever vos âmes, à soutenir vos efforts, auxquels le peuple ne manquera pas d'unir les siens. La révolution, en détruisant toutes les institutions gothiques, a brisé, tourmenté, fondu dans son foyer volcanique toutes les parties de ce peuple, et les a jetées entre les mains du Roi, entre les vôtres, Messieurs, pour que vous l'éleviez au milieu des nations modernes, comme un modèle en civilisation qui n'en ait point dans l'histoire. Nous avons été les maîtres de l'Europe dans les arts, dans les lettres, dans les sciences et même dans la guerre; soyons-les aussi en législation. Les Anglais sont, dit-on, dans cette partie, les maîtres du monde : le Roi n'a pas voulu qu'ils fussent les nôtres; et déjà, dans l'ordre de la civilisation, ils sont à peine au second rang. Qu'est-ce, en effet, que leur constitution, où la raison découvre partout les traces de la féoda-

lité ? c'est un monument informe, qui se compose des conquêtes successives de la liberté sur
le despotisme, où ces deux ennemis sont encore
en présence, où l'œil le plus clairvoyant ne re-
connaît nulle part la main d'un architecte.
Notre charte, au contraire, ouvrage d'un seul
jet, fruit d'une seule pensée, est, en politique,
le prototipe de la perfection idéale; et si l'on y
rencontre quelques défauts, comme on ne peut
s'en prendre qu'aux objets et aux circonstances
auxquels elle s'applique, ils sont encore une
preuve de la profonde sagesse de son auteur.
On y trouve cette idée principale à laquelle
se rattachent toutes ses parties : la conservation
des pouvoirs, par le seul principe de l'équilibre, et celle de la liberté, par le dévelop-
pement naturel de toutes les forces et de tous
les intérêts de la nation. Mais il ne m'appar-
tient pas de faire l'éloge de cet ouvrage : c'est
l'arche sainte; il n'est pas permis d'y toucher.
J'observerai néanmoins que cette charte qui,
comme un tronc généreux, devait étendre ses
branches salutaires sur la France, devenue la
terre classique de la sagesse et de la liberté;
que cette charte, qui peut être si féconde en
grandes institutions, n'a produit encore qu'une
seule loi dont la nation ait à se féliciter : la

loi sur les élections. Mais on n'en a point encore tiré les conséquences naturelles et nécessaires, qui consolident la puissance par la prospérité des sujets, et par l'amour des citoyens.

Elle consacre la liberté des citoyens, la sûreté individuelle, et, de toute part, je la vois environnée de lois d'exception, qui enchaînent à-la-fois et l'homme et la pensée. Y a-t-il donc autour du trône une digue, qui intercepte la source des bienfaits que le peuple attend de la sagesse et des vertus du Roi? La charte ne sera-t-elle encore long-temps qu'une promesse de la bienfaisance, dont la calomnie et la crainte suspendent les effets entre les mains du bienfaiteur?

En mettant la charte en exécution sous le rapport matériel et mécanique, il semble qu'on prenne à tâche d'en pervertir l'esprit; et, tandis que de toutes parts l'amour de la nation pour le Roi éclate en chants de reconnaissance, on les empêche de parvenir jusqu'au trône, et l'on enchaîne ainsi, par la défiance, les mains généreuses du prince. Vous êtes, Messieurs, les interprètes du peuple auprès du Roi; portez-lui les tributs de son amour, de son dévouement et de sa fidélité, et qu'en échange il nous laisse jouir de tous les fruits de ses saintes promesses.

Vous êtes les gardiens et les conservateurs de la charte; qu'à votre voix elle s'anime, que son esprit la vivifie; qu'elle produise enfin ces institutions sages et fortes, qui, conduisant la France sur la voie de la liberté et du patriotisme, la placeront au rang des premiers peuples du monde, et vous mériteront une gloire éternelle.

C'est un malheur que les dépositaires du pouvoir soient toujours tentés d'en abuser : je sais que nous n'avons rien à craindre de semblable du Roi qui nous gouverne. Ce n'est pas celui qui nous a donné des lois si sages, qui cherchera jamais à les renverser; ce n'est pas celui qui a posé les bases de la liberté publique, qui voudra jamais s'emparer du pouvoir absolu. S'il devait vivre éternellement, notre bonheur serait éternel comme sa vertu; mais soyons prévoyans pour l'avenir; éclairez la sagesse du monarque, et qu'il crée avec vous, dans l'esprit de la nation même, une force invisible, plus forte que les lois mêmes, pour résister à l'usurpation. Cette force ne doit pas être dans les individus , mais dans le tout ; dans les hommes , mais dans les choses ; dans les lois , mais dans les institutions ; dans les représentans , mais dans la représentation.

Cette force est dans la confiance et dans l'amour mutuel du Roi pour le peuple, et du peuple pour le Roi ; c'est ce sentiment réciproque qui affermit la puissance et la liberté, et qui fait que l'une ne peut blesser l'autre , sans détruire cette mutuelle confiance , et conséquemment sans se détruire elle-même.

Cette confiance du peuple dans le prince, naît de son amour pour les lois, de la connaissance des avantages qu'il peut en retirer, connaissance qui ne peut exister sans la liberté de la presse, et sans une instruction publique, dirigée vers un but bien différent de celui vers lequel elle a tendu jusqu'à ce jour. C'est cette confiance, c'est cette liberté, c'est cette connaissance des lois qui font naître le patriotisme ; ce sentiment est le principe de tous les gouvernemens libres, sous quelque forme qu'ils existent; il est le principal et le plus fort lien de toute la société; il anime toutes les parties du grand tout , leur donne la plus grande somme d'action possible, leur imprime une vive impulsion qui paraît volontaire, et qui, sans que celui qui la reçoit s'en aperçoive, se trouve toujours déterminée pour le plus grand bien de l'Etat; c'est ce sentiment, en un mot, qui fait que les sujets mettent du plaisir dans l'obéissance même, et de la satisfaction dans l'accomplissement de leurs devoirs. Il m'a paru d'autant plus essentiel de fixer le sens de ce mot, que jusqu'à présent il a été mal entendu par le plus grand nombre, ce qui a donné lieu à des erreurs si étranges, que je ne sais si, aux yeux de certaines gens, le titre de patriote ne porte pas avec lui quelque chose, sinon d'odieux, au moins de repoussant; c'est que depuis le commencement de la révolution on s'est également trompé sur le mot et sur la chose à laquelle il s'applique.

On a fait du patriotisme une vertu, tandis que c'est un sentiment né de notre intérêt, affermi par l'habitude et par la raison; il nous attache aux lois qui nous protégent, aux mœurs, aux usages, qui sont devenus pour nous des besoins, au sol de notre patrie, sur lequel nous trouvons nos alimens, nos richesses et nos jouissances. Cette affection, douce par sa nature dans les temps de calme, est la source de nos plaisirs les plus purs, et nous fait partager ceux de tout ce qui nous entoure ; mais, lorsqu'elle est animée par les dangers que courent les objets auxquels elle se rapporte, elle devient vive, violente, et nous porte à sacrifier à leurs conservations nos intérêts les plus chers, et même notre vie. C'est dans cet état qu'elle est une vertu ; c'est alors qu'elle ne connaît ni péril, ni obstacles. Dans cet état elle sauve la patrie, mais elle n'est pas propre à la conserver ; elle est trop voisine de l'exaltation et du délire, qui ne sont d'une utile application que dans des cas extraordinaires. C'est l'hymen, et non l'amour qui conserve l'espèce humaine. Un patriotisme exalté est prêt aux plus grands sacrifices, mais il ne peut être durable, il serait trop imprudent d'y compter toujours. Considéré comme vertu, le patriotisme n'est donné qu'à ces hommes d'une âme vigoureuse, qui semblent créés pour donner l'impulsion aux autres, et réservés pour retremper les ressorts de la machine politique affaiblis par l'indolence, ou prêts d'être brisés par une grande force. Tels furent les héros de l'antiquité, tels sont ceux que nous avons encore sous les yeux.

Ce sentiment d'amour, cette affection sociale

que j'appelle le patriotisme, ne peut vivre que d'objets réels ; si on le nourrit trop long-temps d'espérances chimériques, on le dépite, on l'affaiblit, et enfin on le tue. Alors il est impossible de le faire renaître sans avoir recours de grands changemens dans l'état, moyens dont nous n'avons que trop connu les funestes conséquences.

Dans les petits états, qui sont propres au gouvernement républicain, les lois, à la confection desquelles chacun prend part ; le gouvernement, à la nomination duquel chacun concourt ; le sol qu'occupe la cité, et dont chaque citoyen peut prendre une parfaite connaissance ; les mœurs et les usages, qui sont uniformes et simples ; les besoins de chacun, qui ne sont étrangers à personne, suffisent pour faire naître et alimenter le patriotisme, qui y trouve moins de sacrifices à faire que de services à recevoir, et de plaisir à gouter. Chacun s'apercevant qu'il est une partie essentielle de la société, regarde comme personnels les services qu'il lui rend.

Il n'en est pas ainsi dans les grands états ; le peuple n'y concourant à la confection des lois que par ses représentans, n'y prend pas assez de part pour s'y attacher naturellement ; il est étranger au gouvernement, dont le mécanisme secret et compliqué, échappe à son esprit et à ses regards; le luxe y introduit des mœurs différentes entre les différentes classes de citoyens; les usages ne sont point uniformes dans les diverses parties du peuple; les besoins des individus sont tellement étrangers aux autres, que souvent ceux d'une province ne se font pas sentir aux provinces voisines; le plus grand nombre des habitans, loin de connaître la nature du territoire qu'occupe la patrie, connaissent à peine celui de leur département. Toutes ces raisons font que les motifs qui suffisent pour exciter le patriotisme dans les petites républiques, seraient infiniment trop faibles dans un grand état, si l'on n'y présentait au peuple un point élevé, unique, invariable, sur lequel tous les regards soient incessamment fixés, et d'où jamais ils ne puissent se détourner ; auquel se rapportent les lois, les usages, les mœurs, les besoins communs ; d'où tout découle et où tout aboutisse ; qui soit enfin le centre de la patrie.

Il faut un chef unique, qui, placé au milieu du système politique comme le soleil au milieu du système planétaire, soit visible et éclatant

pour tous, et répande partout sa chaleur fécon-
dante, sans rien brûler ni consumer; qui, de
sa place, puisse tout voir, tout entendre, tout
consolider, tout réparer; auquel arrivent toutes
les lumières, toutes les opinions, tous les vœux,
et d'où ils soient réfléchis sur toute la nation;
qui, premier organe de la loi, ne puisse rien
sans elle; en un mot, dont on ait tout à espérer
et jamais rien à redouter.

Plusieurs chefs dans un grand état y entre-
tiendraient des partis, y formeraient des fac-
tions, et finiraient par y exciter des divisions,
ou, ce qui est pis encore, ils n'y jouiraient
d'aucune considération, et au lieu d'y entretenir le patriotisme, ils l'anéantiraient.

Un chef temporaire y tendrait à se perpétuer
lui-même, et s'occuperait plus de se former des
partisans, que des intérêts de l'état. Il en serait de
même s'il n'était qu'à vie; cherchant alors à perpétuer l'autorité dans sa famille et ne pouvant
y parvenir que malgré les lois, il les foulerait
aux pieds, et serait bientôt despote. Il faut donc
que le chef d'un grand état soit héréditaire,
parce que n'ayant ni rivaux à craindre, ni partis
à combattre, il n'aura à s'occuper que des
intérêts communs. On voit par là que la légis-

limité étant dans l'intérêt des grandes nations, est en ce sens, un droit d'autant plus sacré, qu'elles ne peuvent le violer sans se causer des maux incalculables (1). Non pas qu'un prince héréditaire soit plus fort qu'un prince électif, mais parce que n'ayant besoin d'employer aucune partie de la force publique pour s'assurer, il n'en fait usage que pour le bien de l'état ; parce que n'ayant rien à craindre, rien à espérer de plus qu'il n'a, il ne peut trouver sa gloire et son bonheur que dans la prospérité publique. Régnant par les lois et avec les lois, il sent que la force lui devient inutile pour se maintenir ; s'il s'écarte de ses devoirs la voix publique est toujours assez forte pour l'y rappeler ; s'il veut la réprimer, il s'aperçoit bientôt qu'il perd l'amour du peuple, son unique appui, et que la crainte qu'il inspire est loin de réparer une perte aussi fatale à son autorité ; car ou le peuple devient furieux, et dans ce cas le pouvoir du prince est menacé, ou il tombe dans l'indolence, et c'est alors que l'état n'existant plus, le prince est moins que rien, puisqu'il est à la merci de ses voisins.

______________________________

(1) L'expérience de tous les temps vient à l'appui de cette vérité.

Si l'on admet ces idées, que je crois aussi simples que vraies ; on expliquera facilement comment, dans une monarchie constitutionnelle, le patriotisme se compose de deux sentimens, qui sont l'amour de la liberté et l'amour du Roi, et comment encore, dans une monarchie absolue, ces sentimens ne pouvant jamais exister, il n'y a jamais de patriotisme ; tandis que dans un grand état il y en aura plus sous un Roi constitutionnel que sous un gouvernement républicain.

En France, il n'y avait point de patriotisme avant la révolution ; on n'y pouvait aimer les lois, car il n'y en avait point d'autres que la volonté du monarque, à moins qu'on ne veuille honorer de ce nom quelques usages, qu'il ne respectait pas toujours, et qu'il pouvait toujours mépriser. On n'y aimait point le Roi, parce que l'on ne peut aimer ce que l'on ne connaît point, et que l'on n'affectionne guères ce que l'on craint toujours.

Le peuple ne connaissait point son Roi ; la classe privilégiée était un rideau placé entre eux, qui les empêchait de se voir ; il le craignait, parce qu'il n'était point l'organe des lois, mais la loi vivante ; parce que toutes les lois tutélaires étaient pour la noblesse , et toutes les lois oppressives pour le peuple ; et des lois dures, inconstantes, dont la source nous est ca- chée , ne peuvent nous être chères. Le peuple ne tenait point à ses mœurs; il n'en avait point, à moins que l'avilissement , la servitude et la superstition ne soient considérés comme tels.

La noblesse n'était pas plus patriote que le peuple ; d'un côté elle était esclave, de l'autre oppressive ; elle rampait au pied du trône et foulait les cultivateurs. On ne s'affectionne guères plus à son maître qu'à ses valets.

On me dira qu'il y avait entre le peuple et le monarque des corps intermédiaires : oui, sans doute ; mais ces corps, sans autorité réelle, n'étaient, entre les mains de la puissance, qu'un instrument qu'elle brisait lorsqu'il ne voulait pas la servir ; ils pouvaient déguiser l'injustice, mais ils ne pouvaient l'empêcher.

Qu'était-ce que l'honneur dont parle Mon- tesquieu , ce grand homme , qui ne s'est jamais trompé que lorsqu'il n'a pas osé dire la vérité ? c'était un sentiment d'orgueil et de vanité ; un sentiment purement personnel, toujours étran- ger au bien public.

Qu'étaient nos armées ? une dîme, levée, d'une part sur le libertinage et la misère ; de l'autre, sur l'orgueil et l'ignorance ; elles étaient braves, parce que les Français le sont toujours. Les Turcs le sont bien quelquefois.

Il est vrai que dans la classe élevée du Tiers-Etat, il existait un profond sentiment de reconnaissance pour les rois, parce qu'ils avaient affranchi la nation du pouvoir féodal; mais ce sentiment ne pénétrait point aux classes inférieures, et le patriotisme véritable s'étend partout, unit tout, en fait un corps indissoluble, et de toutes les volontés n'en fait qu'une seule. Il y avait aussi dans cette classe l'amour du nom Français, nom devenu glorieux depuis qu'elle était parvenue à l'illustrer dans les sciences, les lettres et les arts, qui sont la première gloire des peuples; mais nulle part on ne trouvait ces sentimens d'affection et d'amour pour le prince et les lois, qui constituent ce que j'appelle le patriotisme.

La révolution le fit naître parmi nous, et, pour la première fois, la France fut une nation mue par le même sentiment, et dirigée vers le même but. Tant que le Roi resta le maître de le diriger, il y fut dans sa plus grande pureté et dans toute sa sublimité ; un jour, un seul jour de la vie de Louis XVI, vaut les règnes les plus longs et les plus éclatans ; jamais peuple ne présenta un spectacle aussi imposant aux yeux de l'univers que celui qu'offrit la France en ces jours glorieux, suivis d'un deuil trop long et trop amer. Malheureusement les efforts des classes privilégiées pour s'opposer aux efforts du peuple, les menaces des puissances étrangères, vinrent dépopulariser le monarque ; des factieux s'emparèrent de l'enthousiasme public ; bientôt le patriotisme ne fut plus l'amour du Roi et de la liberté, il ne fut plus qu'une opinion.

Les chefs de parti en devinrent successivement l'objet ; Mirabeau, Barnave, Pétion, et jusqu'à Robespierre, furent tour à tour les idoles d'un peuple égaré. Le véritable amour de la liberté et des lois existait toujours ; mais la despotique Convention le poursuivait partout, elle l'écrasait dans son sein même, elle le couvrait de sang et de fange, le jetait dans les cachots, le conduisait sur les échafauds. Cependant il ne perdait rien de son énergie, il se réfugiait dans nos armées, et tandis que dans nos villes tout était dans le désordre et la terreur, dans nos camps tout était dans l'ordre et dans la gloire :

dans l'intérieur on immolait la vertu, au-dehors elle faisait fuir nos ennemis. Avant de nous accuser de manquer d'esprit public, qu'on jette un coup-d'œil sur la France, dans ces circonstances aussi imposantes que désastreuses, on verra cet esprit public cet esprit de vie sociale, échappant aux règles de l'équilibre, s'élancer du dedans au-dehors, porter toute la France dans ses camps, comme autrefois il conduisit Athènes sur sa flotte ; on l'y verra s'entretenir par la présence du danger, et s'enflammer par le désir de la victoire. Braves militaires, échappés aux périls de la guerre et sauvés par miracle de mille morts, vous existez encore comme des monu-mens vivans des vertus, du patriotisme français, et de notre gloire antique, quoique bien nouvelle dans ces temps de confusion et de misère intérieure.

A la furieuse Convention, succéda le machia-vélique Directoire; en vain le patriotisme voulut s'opposer à son établissement, le patriotisme fut vaincu au 13 vendémiaire.

Sous la Convention, durant la lutte des passions et de la sagesse, la grandeur des victimes avait semblé agrandir les bourreaux ; sous le Directoire, il n'y eut plus ni crime ni vertu dans le gouvernement; il n'y eut que de la bassesse ; il imagina cette odieuse inquisition qui scrute les consciences, poursuit les opinions, sans d'autre but que celui de persécuter; à des mesures atroces, il fit succéder des mesures viles; soulevant, écrasant tour à tour la populace, il la décimait quand il n'en avait plus besoin. Il vendait les places, les emplois, les dignités, les fournitures, faisait périr nos armées faute de vivres et de vêtemens, mais ne pouvait les décourager.

Dans l'assemblée des représentans, l'exaltation avait fait place au bavardage, et les phrases terribles aux calembourgs. Mais le patriotisme existait toujours dans les armées; il y vivait de fatigues et de dangers; et dans l'intérieur, on le voyait, hors du gouvernement, se nourrir de regret et d'espérance. Ce fut même en son nom que Bonaparte s'empara d'une autorité, sous le poids de laquelle il tenta si long-temps de l'anéantir; mais les guerriers qu'il a commandés, sans pouvoir les asservir, les magistrats qu'il a opprimés, sans les corrompre, ont toujours brûlé de cet amour des lois, de l'ordre, de la liberté, que rien n'éteindra dans les cœurs vraiment français. L'on sait assez que la majorité de la nation, toujours patriote, n'a jamais porté qu'en frémissant le joug du despotisme que lui imposait ce terrible usurpateur.

Mais, Messieurs, ce sentiment si long-temps comprimé dans les cœurs, si long-temps l'objet des plus atroces persécutions, si long-temps forcé au silence, a besoin d'être encouragé, excité, délivré de toutes entraves, pour s'exprimer librement, pour faire entendre, jusqu'aux nations voisines, les accens de l'amour qui nous anime pour le prince et pour les lois qu'il nous a données.

Vous connaissez le peuple que vous allez représenter, vous connaissez ses vœux, exprimez-les au prince, exprimez-les au gouvernement ; que la liberté, que les lois qui la protégent, que les institutions libérales que la charte promet lui soient pleinement accordées. Personne mieux que vous ne sait combien il en est digne. Faites-le connaître au Roi, ce peuple dont vous êtes les organes ; dites-lui, qu'après avoir passé du despotisme sous ses lois paternelles, il commence à respirer, mais qu'il ne saurait recouvrer sa vie entière, tant que la voix de ses calomniateurs prévaudra sur celle de ses amis, sur la sienne même, tant que le prince n'aura pas en lui la plus entière confiance. Dites-lui que celui qui refuse de l'esprit public aux Français les calomnie; que si cet esprit n'a point encore brillé de tout son éclat, c'est qu'il n'ose point se montrer sous des lois d'exception, que l'opinion repousse, ainsi que la justice, sous des lois qui laissent entre les mains du ministère une autorité plus propre à inspirer la crainte que l'amour, la confiance et le patriotisme qui en est le fruit nécessaire.

FIN.